Impressum
Verlag: BABADADA GmbH, Nedderfeld 112 , 22529 Hamburg
Geschäftsführer / Verlagsleitung: Harald Hof
Druck: Books on Demand GmbH, In de Tarpen 42, 22848 Norderstedt

Imprint
Publisher: BABADADA GmbH, Nedderfeld 112 , 22529 Hamburg, Germany
Managing Director / Publishing direction: Harald Hof
Print: Books on Demand GmbH, In de Tarpen 42, 22848 Norderstedt

dugsi
學校

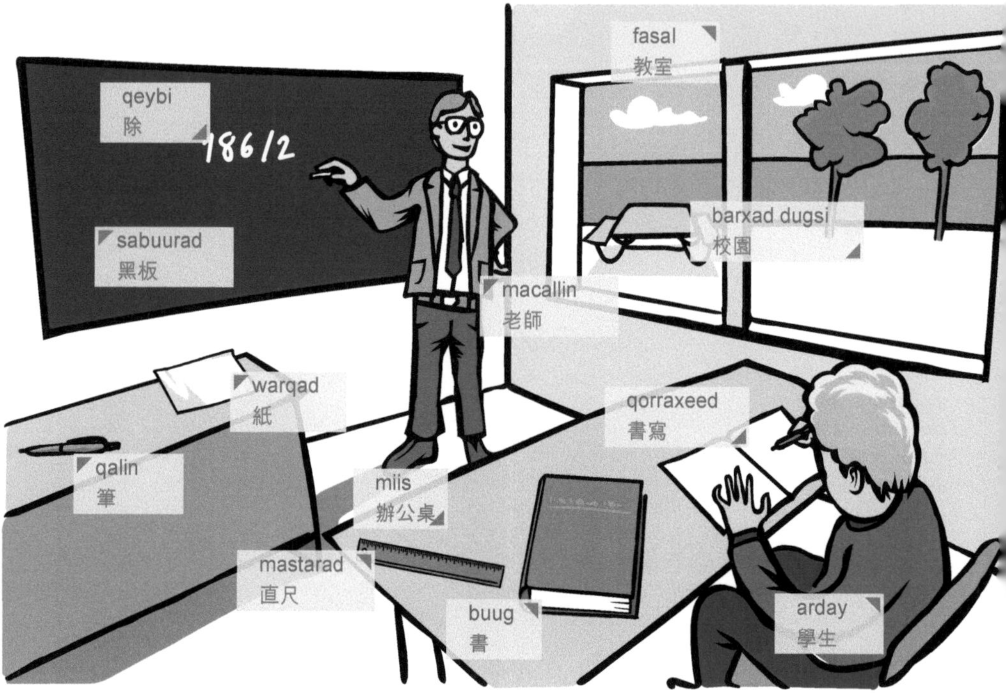

fasal
教室
qeybi
除
186/2
barxad dugsi
校園
sabuurad
黑板
macallin
老師
warqad
紙
qorraxeed
書寫
qalin
筆
miis
辦公桌
mastarad
直尺
buug
書
arday
學生

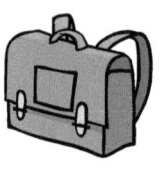

boorso
書包

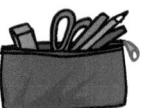

kiis qalin-qori
鉛筆盒

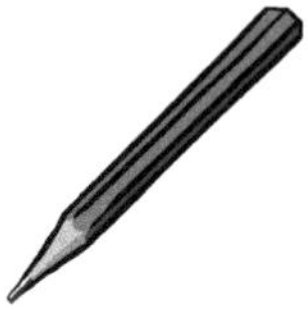

qalin-qori
鉛筆

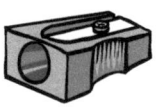

koobka qalin qor
削鉛筆機

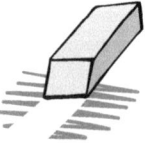

titirre
橡皮擦

buugga sawirka
畫板

sawirid

圖畫

burushka midabaynta

畫筆

gasaca midabaynta

顏料盒

maqasyo

剪刀

koollo

膠水

buug qoraal

練習冊

shaqo-guri

家庭作業

lambar

數字

ku dar

加

ka jar

減

ku dhufo

乘

xisaabi

計算

warqad

字母

alifbeeto

字母表

erey

字

qoraal

課文

akhri

讀

jeesto

粉筆

cahsar

上課

diiwaan

登記

imtixaan

考試

shahaado

證書

direes dugsi

校服

waxbarasho

教育

diwaan mowduuceed

百科全書

jaamacad

大學

mayskariskoob

顯微鏡

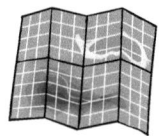

khariidad

地圖

haan qashin-gur

廢紙簍

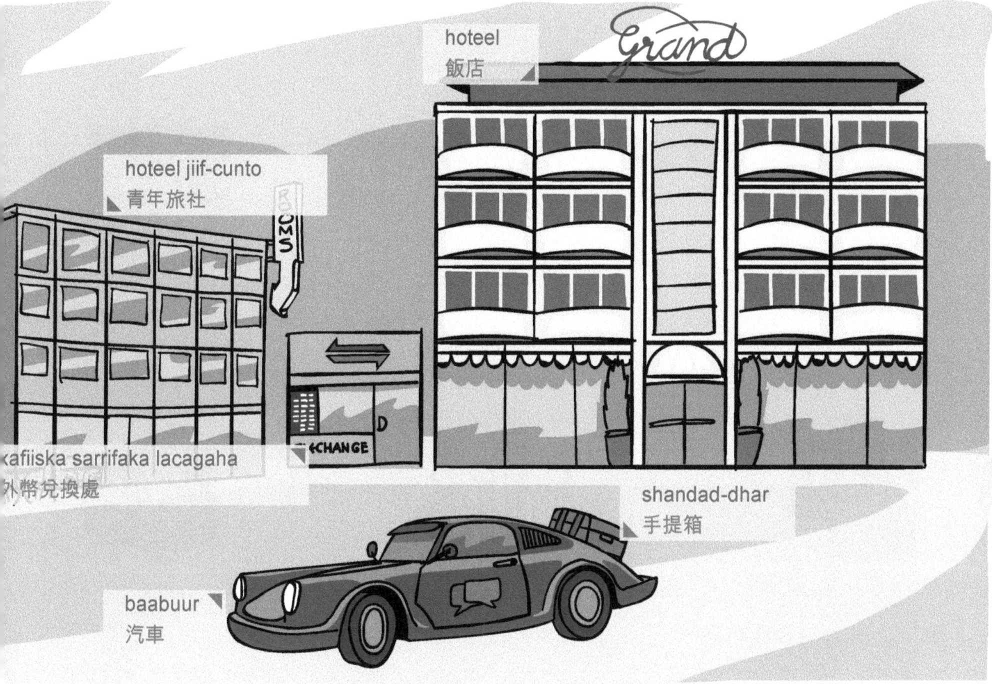

hoteel
飯店

hoteel jiif-cunto
青年旅社

xafiiska sarrifaka lacagaha
外幣兌換處

shandad-dhar
手提箱

baabuur
汽車

luuqad

語言

haa / maya

是/否

Hagaag

好的

nabad miyaa

您好

turjumaan

翻譯人員

Waad mahadsan tahay

謝謝

waa immisa...?

......多少錢？

ma aanan fahamin

我不明白

dhibaato

問題

galab wanaagsan!

晚上好！

subax wanaagsan!

早上好！

habeen wanaagsan!

晚安！

nabad gelyo

再見

jiho

方向

alaabo

行李

boorso

包

boorso-dhabar

背包

marti

客人

qol

房間

katiifad

睡袋

teendho

帳篷

xog dalxiis

旅行資訊

xeebta

海灘

kaar amaah

信用卡

quraac

早餐

qado

午餐

casho

晚餐

rasiid

票

wiish

電梯

tiimbare

郵票

xuduud

邊界

qeybta-canshuur-bixinta

海關

safaarad

大使館

dal ku gal

簽證

baasaboor

護照

gaadiid
交通運送

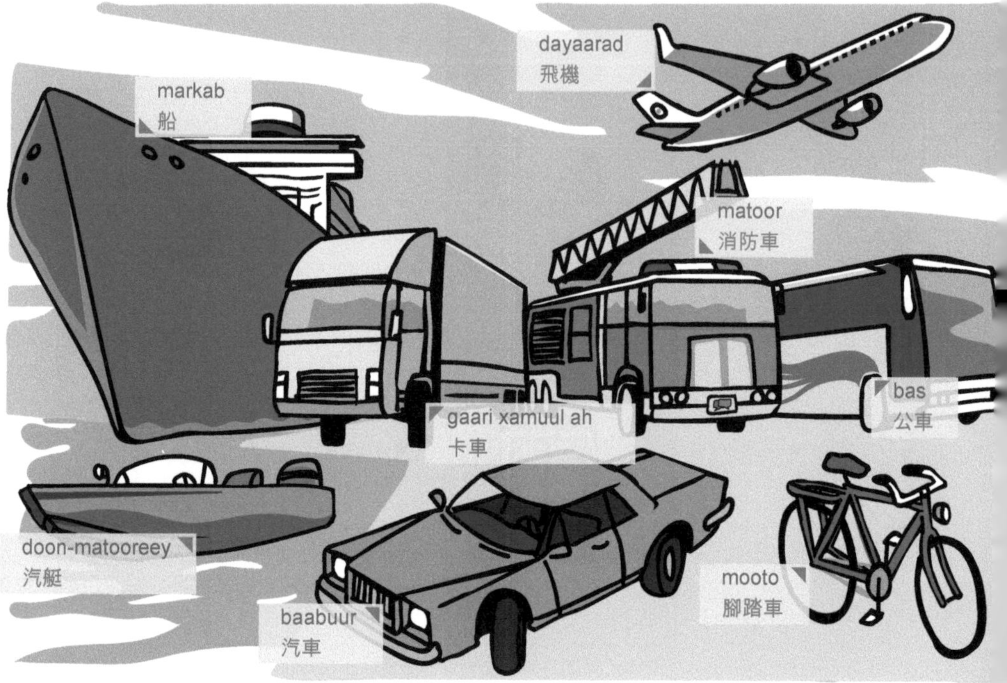
dayaarad
飛機
markab
船
matoor
消防車
bas
公車
gaari xamuul ah
卡車
doon-matooreey
汽艇
mooto
腳踏車
baabuur
汽車

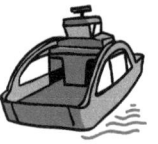

doon

渡輪

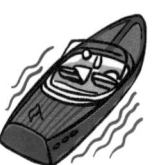

doonnida

小船

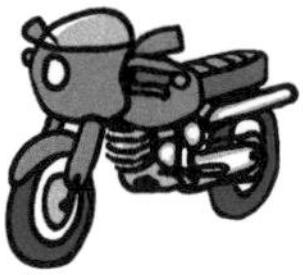

mooto

機車

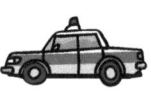

baabuur booliis

警車

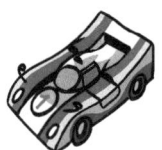

baabuur baratan

賽車

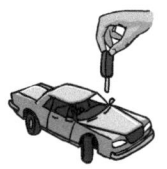

baabuur la-kiraysto

租車

gaadiid-wadaag
拼車

wiishle
拖車

gaari qashin-gure
垃圾車

matoor
馬達

shidaal
汽油

ajib
加油站

calaamad taraafiko
交通標識

taraafiko
交通

jaam baabuur
交通堵塞

baarkin-baabuur
停車場

boosteejo tareen
火車站

waddo-tareen
軌道

tareen
火車

taraam
路面電車

gaari faras
客車廂

helikobtar

直升機

garoonka dayuuradaha

機場

manaarad

塔

rakaab

乘客

weel

集裝箱

kartoon

紙板箱

gaari faras

手推車

dambiil

籃子

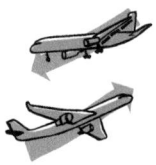

kicid / degis

起飛/降落

magaalo
城市

tuulo

村莊

faras magaale

市中心

guri

房子

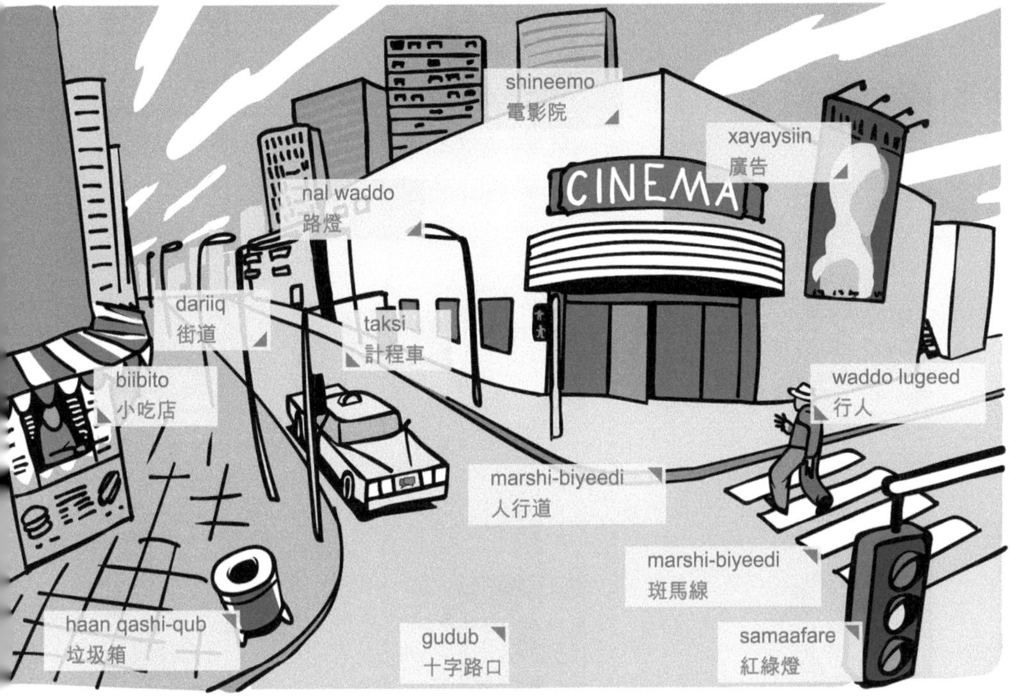

shineemo
電影院
xayaysiin
廣告
CINEMA
nal waddo
路燈
dariiq
街道
taksi
計程車
biibito
小吃店
waddo lugeed
行人
marshi-biyeedi
人行道
marshi-biyeedi
斑馬線
haan qashi-qub
垃圾箱
gudub
十字路口
samaafare
紅綠燈

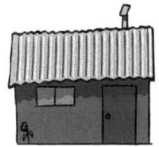

mundul

小屋

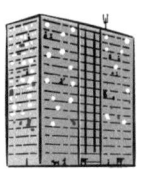

dabaq

公寓

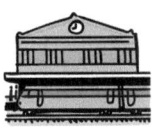

boosteejo tareen

火車站

arunta dowladda-hoose

市政廳

MUSEUM

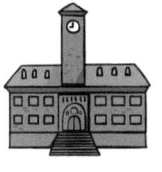

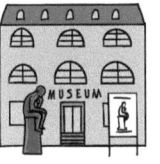

matxaf

博物館

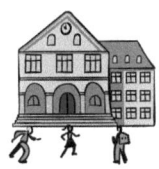

dugsi

學校

jaamacad

大學

bangi

銀行

isbitaal

醫院

hoteel

飯店

farmasi

藥房

xafiis

辦公室

buug shoob

書店

dukaan

商店

dukaan ubax

花店

carwo

超市

suuq

市場

suuq weyne

百貨商店

kalluun-iibshe

魚店

suuq

購物中心

furdo

海港

jardiino

公園

kursi

長凳

buundo

橋

jaraanjaro

樓梯

waddo-tareen-hoosaad

捷運

waddo-dhul hoose

隧道

boosteejo

公車站

baar

酒吧

makhaayad

餐館

sanduuq boosto

郵筒

calaamad waddo

路標

joogid-cabbire

停車計時器

beer-xayawaan

動物園

barkad dabbaalasho

游泳池

masaajid

清真寺

beer

農場

naqas

污染

qabuuro

墓地

kaniisad

教堂

garoon

操場

macbad

寺廟

muqaal-dhireed

地形

caleen
樹葉

calaamad-waddo
指示牌

waddo
路

seere
草地

dhagax
石頭

geed
樹

buur korre
徒步旅行者

webi
河

caws
草

ubax
花

dooxo

峽谷

buur

丘陵

laag

湖

kayn

森林

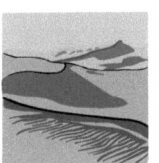

saxare

沙漠

foolkaano

火山

qasri

城堡

qaanso-roobaad

彩虹

barkin-waraabe

蘑菇

geed timireed

棕櫚樹

kaneeco

蚊子

duqsi

蒼蠅

qoraanjo

螞蟻

shinni

蜜蜂

caaro

蜘蛛

dameer-duudeey

甲蟲

rah

青蛙

dabagaalle

松鼠

kashiito

刺蝟

dabagaalle

野兔

guumeys

貓頭鷹

shimbir

鳥

boolo-boolo

天鵝

doofaar-jilibeey

野豬

deero

鹿

faras-duur

麋鹿

biyo-xireen

水壩

tamar-dhaliye

風力發電機

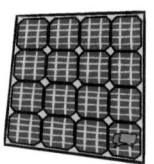

soollar

太陽能電池板

cimilo

氣候

kabalyeeri
服務生

warqad qiimo
菜譜

kursi
椅子

maraq
湯

biise
披薩餅

maro-miis
桌布

alaab
餐具

af-billow

前菜

cunto bariimo

主菜

macmacaan

甜點

cabitaan

飲料

cunto

食物

dhalo

瓶子

cunto diyaarsan

速食

cunto-waddo

街邊小吃

jalmad shaah

茶壺

weelka sonkorta

糖盒

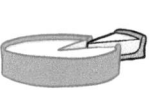

qayb

一份飯菜

mashiinka isbareesada

義式咖啡機

kursi dheer

高腳椅

biil

帳單

tereey

托盤

mindi

刀

fargeeto

餐叉

qaaddo

勺子

malqacad-shaah

茶匙

shukumaan miis

餐巾

galaas

玻璃杯

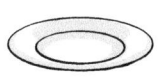

saxan

碟子

saxanka maraqa

湯盤

saxan

碟子

suugo

醬

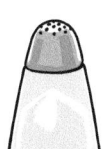

weelka cusbada

鹽瓶

basbaas shiide

胡椒研磨罐

fixiye

醋

saliid

食用油

dhandhanaan

調味料

suugo

番茄醬

mastaard

芥末

mayoonees

美乃滋

carwo

超市

qiima dhimis qaas ah
特價
macmiil
顧客
FOR
caano
乳製品
miro
水果
gaariga adeega
購物車

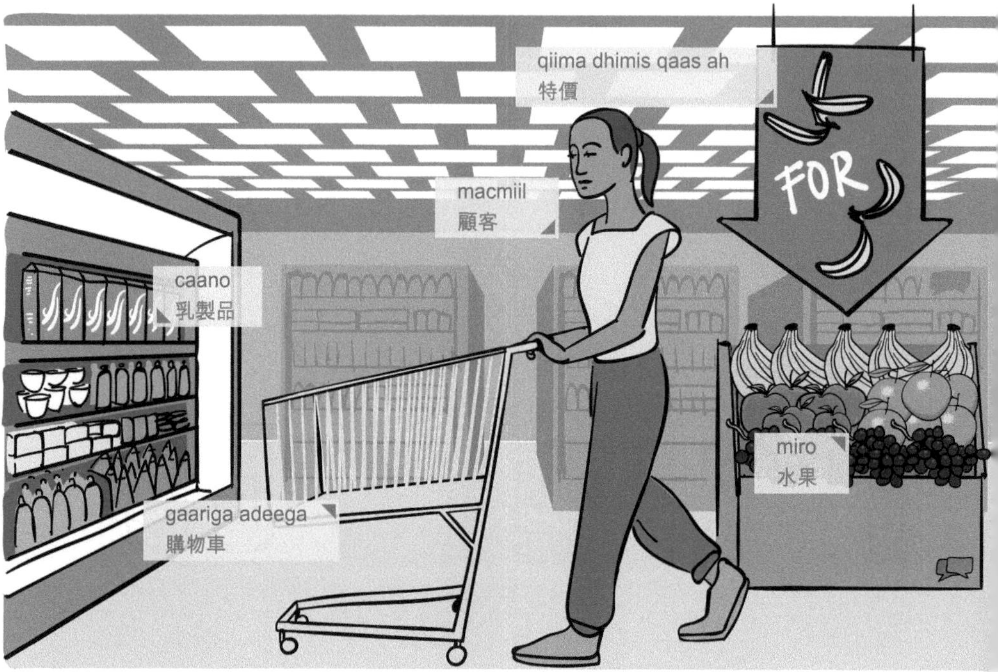

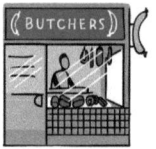

BUTCHERS

kawaan

肉鋪

BAKERY

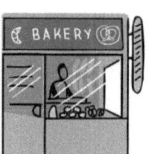

foorno

麵包店

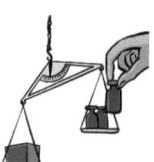

cabbir

稱重

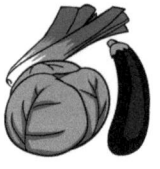

khudaar

蔬菜

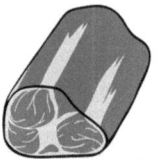

hilib

肉

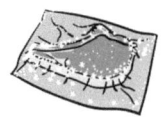

cunto la qaboojiyay

冷凍食品

hilibka qadada

冷盤

cunto gasacadeysan

罐頭食品

oomo

洗衣粉

macmacaan

甜食

alaabada guri

日用品

alaabo nadaafad

清潔用品

iibshe

銷售員

diiwaan lacagta

收銀機

qasnaji

收銀員

liis adeeg

購物清單

saacadaha shaqo

開放時間

shandada jeebka

錢包

kaar amaah

信用卡

bac

袋子

bac

塑膠袋

cabitaan

飲料

biyo

水

casiir

果汁

caano

牛奶

kooka-kola

可樂

khamri

紅酒

biir

啤酒

khamri

酒

kooke

可可

shaah

茶

kafee

咖啡

isberesso

義式濃縮咖啡

koobishiin

卡布奇諾

muus

香蕉

tufaax

蘋果

liin-bambeelmo

柳丁

qare

西瓜

liin

檸檬

karooto

胡蘿蔔

toon

大蒜

baambuu

竹子

basal

洋蔥

barkin-waraabe

蘑菇

loos

堅果

baasto

麵條

baasto

義大利麵

bariis

米飯

salar

沙拉

jibsi

薯條

baradho shiilan

炸馬鈴薯

biise

披薩餅

haambeegar

漢堡

saanwij

三明治

hilib-jiir

炸豬排

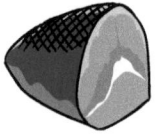

hilib-doofaar

火腿

salami

義大利臘腸

sooseej

香腸

hilib-digaag

雞肉

duban

烤肉

kalluun

魚

sareenta mashaarida

燕麥片

quraac isku-dhafan

木斯里

daango

玉米片

bur

麵粉

nooc rooti ah

牛角麵包

rooti

麵包捲

rooti

麵包

rooti-la-kulluleeyey

吐司

buskud

餅乾

subag

奶油

hanti

凝乳

doolsho

蛋糕

ukun

蛋

ukun shiilan

煎蛋

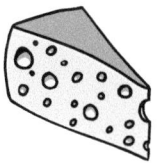

burcad

起司

jalaato

冰淇淋

sonkor

糖

malab

蜂蜜

malmalaado

果醬

labeen macmacaan

巧克力醬

suugo

咖哩

beer

農場

guri-beereed
農舍

xero-xoolaad
糧倉

caws jiilaal
稻草捆

beer
田野

faras
馬

gaari isjiid ah
拖車

cagafcagaf
拖拉機

faras yare
馬駒

dameer
驢

idaha
羊

neyl
羔羊

ri'
山羊

sac
奶牛

weyl
小牛

doofaar
豬

dhal doofaar
小豬

dibi
公牛

bawaato lab

鵝

bawaato

鴨

jiijiile

小雞

digaag

母雞

diiq

公雞

doolli

鼠

bisad

貓

jiir

老鼠

dibi

牛

eey

狗

hoyga eeyga

狗屋

tuubbo waraab

花園澆水軟管

sakeelka waraabinta

澆水壺

gudin

長柄大鐮刀

carro-roge

犁

gudin

鐮刀

yaambo

鋤頭

fargeeto caws-beereed

長柄草耙

faas

斧頭

gaari -gacan

獨輪手推車

dar

飼料槽

dhalada caanaha

牛奶罐

jawaan

麻布袋

deer

柵欄

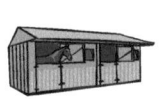

xero xooleed

馬廏

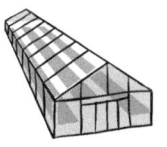

gur-biqlin-dhireed

溫室

ciidda

土壤

abuuka

種子

bacrimiye

肥料

cagafta beer-goynta

聯合收割機

beer-goyn

收割

beer-gooyn

收割

moxog

地瓜

sarreen

小麥

soya

大豆

baradho

土豆

galley

玉米

geed-saliideed

油菜籽

geed mirood

果樹

moxog

樹薯

firiley

穀物

guri
房子

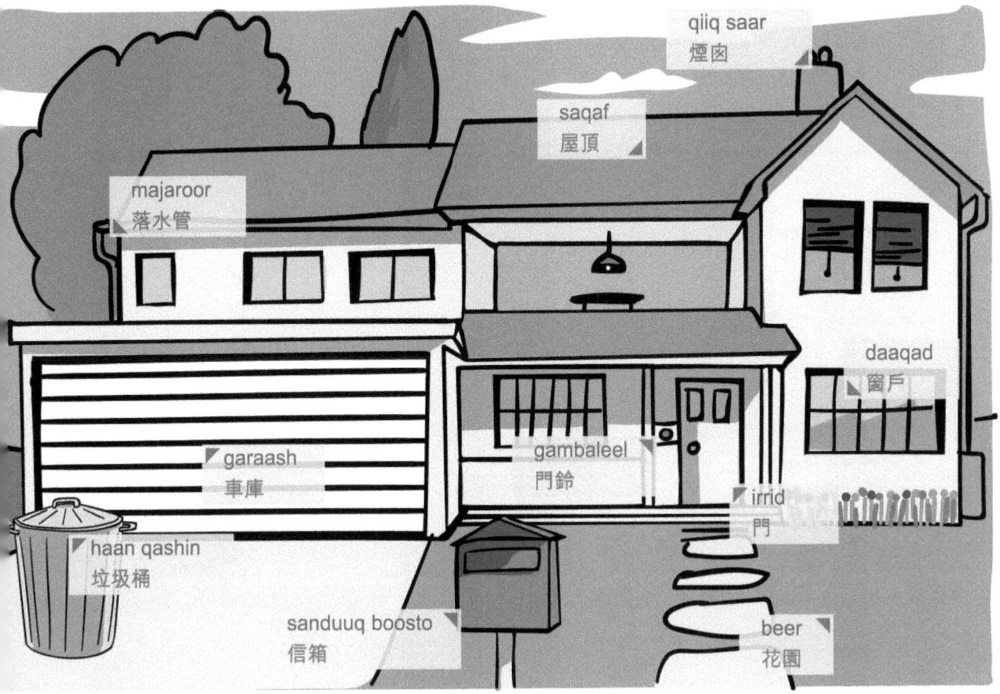

qiiq saar
煙囪
saqaf
屋頂
majaroor
落水管
daaqad
窗戶
garaash
車庫
gambaleel
門鈴
irrid
門
haan qashin
垃圾桶
sanduuq boosto
信箱
beer
花園

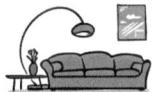

qol jiib

客廳

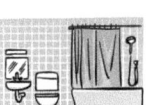

musqul-qubeys

浴室

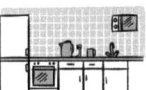

jiko

廚房

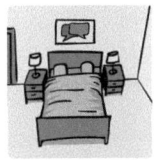

qolka jiifka

臥室

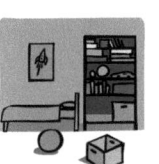

qolka ilmaha

兒童房

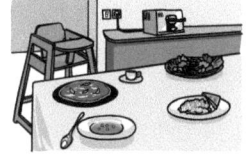

qolka cuntada

餐廳

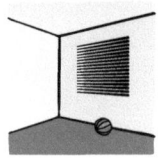

sagxad

地板

derbi

牆壁

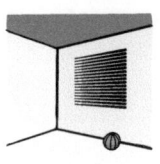

saqaf

天花板

makhaasiin

地窖

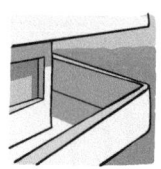

soona

三溫暖

balakoon

陽臺

daarad

露臺

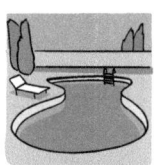

barkad

游泳池

caws-jare

割草機

buste

被單

go'

床罩

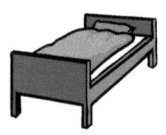

sariir

床

xaaqin

掃帚

baaldi

水桶

daare-damiye

開關

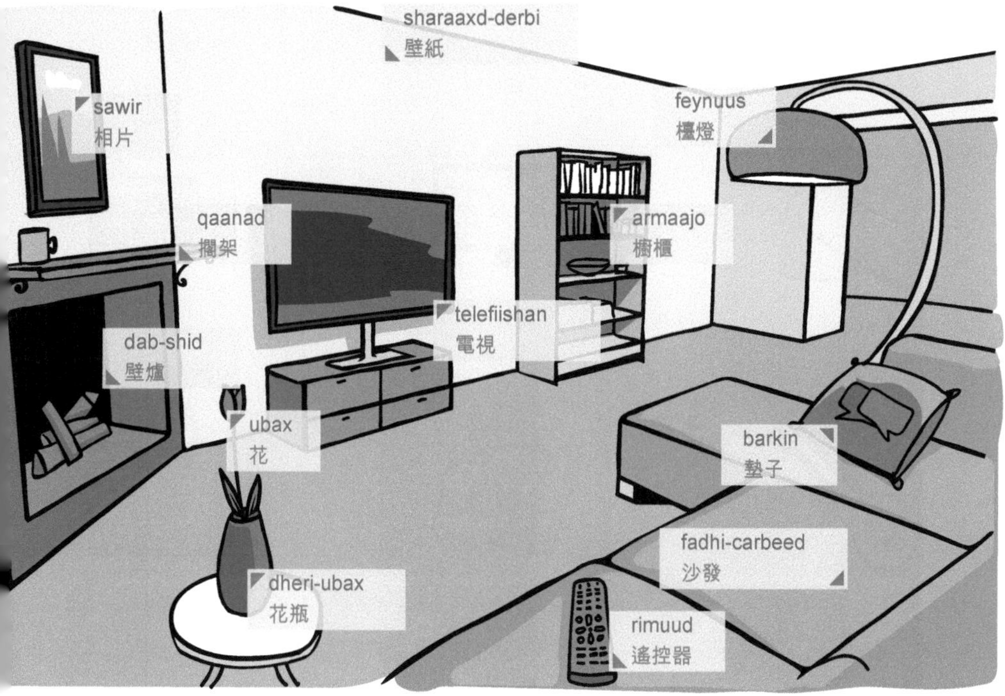

sharaaxd-derbi
壁紙

sawir
相片

feynuus
檯燈

qaanad
擱架

armaajo
櫥櫃

telefiishan
電視

dab-shid
壁爐

ubax
花

barkin
墊子

fadhi-carbeed
沙發

dheri-ubax
花瓶

rimuud
遙控器

roog
地毯

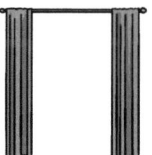

daah
窗簾

miis
餐桌

kursi
椅子

kursi wareega
搖椅

kursi fadhi
扶手椅

buug

書

buste

毯子

qurxin

裝飾品

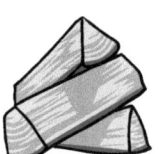

xaabo

木柴

filin

電影

cod-baahiye

高傳真音響

fure

鑰匙

wargeys

報紙

rinjiyeyn

油畫

tabeelo

海報

raadiye

收音機

xusuus-qor

筆記本

huufar

吸塵器

tiitiin

仙人掌

shumac

蠟燭

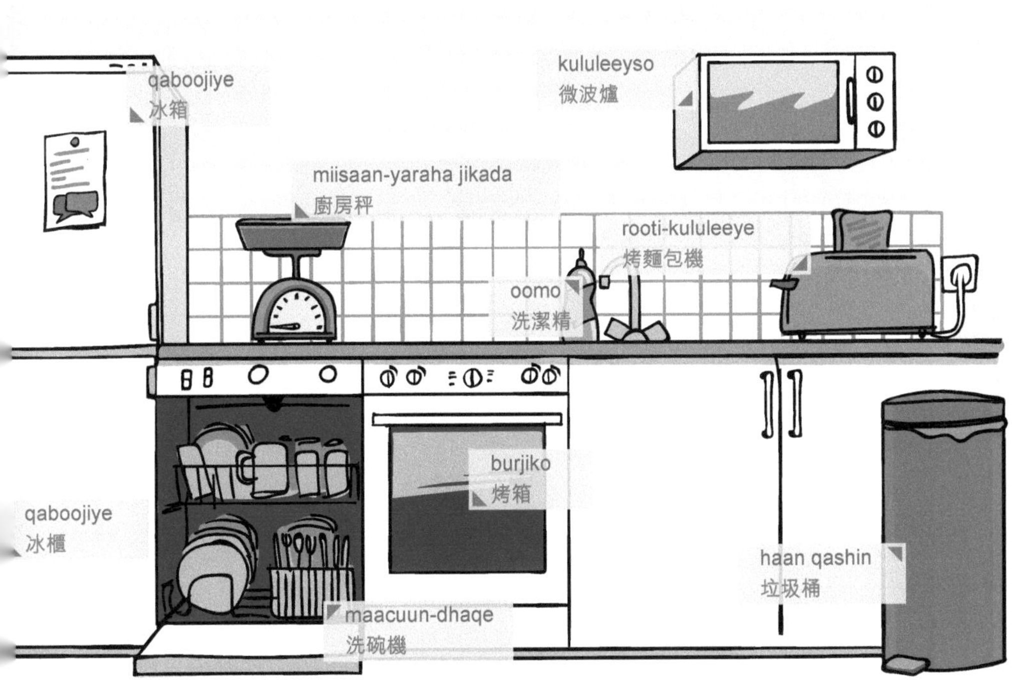

qaboojiye
冰箱

kululeeyso
微波爐

miisaan-yaraha jikada
廚房秤

rooti-kululeeye
烤麵包機

oomo
洗潔精

burjiko
烤箱

qaboojiye
冰櫃

haan qashin
垃圾桶

maacuun-dhaqe
洗碗機

kuuker
....
炊具

dheri
....
鍋

birtaawo
....
鑄鐵鍋

birtaawo
....
炒鍋

birtaawo
....
平底鍋

kirli
....
水壺

uumiye

蒸鍋

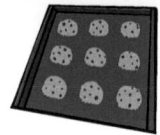

saxaarad dubista

烤盤

maacuun

陶瓷鍋

bakeeri

馬克杯

baaquli

碗

qoryo wax lagu cuno

筷子

malqacad

長柄勺

qaado

鏟子

folow

攪拌器

miire

濾網

shashaq

篩子

qudaar-jare

磨碎機

mooye

研缽

hilib-sol

燒烤

dab

明火

alwaaxa wax-jar-jarka

菜板

ul jabaati

擀麵杖

guf-saare

開瓶器

gasac

罐子

gasac-fure

開罐器

istaraasho-jiko

隔熱手套

saxanka-alaab-dhaqa

水槽

caday

刷子

isbuunyo

海綿

shiide

攪拌機

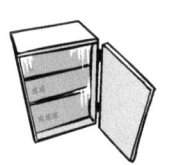

qaabojin qoto-dheer

冷藏箱

masaasad

奶瓶

tuubbo

水龍頭

musqul-qubeys
浴室

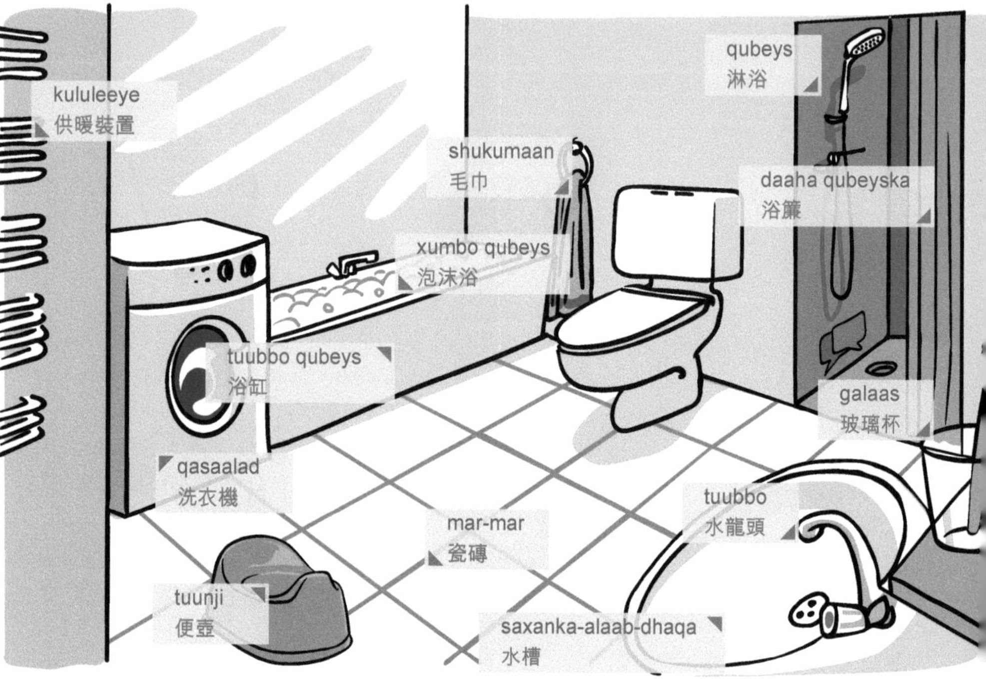
kululeeye
供暖裝置
qubeys
淋浴
shukumaan
毛巾
daaha qubeyska
浴簾
xumbo qubeys
泡沫浴
tuubbo qubeys
浴缸
galaas
玻璃杯
qasaalad
洗衣機
tuubbo
水龍頭
mar-mar
瓷磚
tuunji
便壺
saxanka-alaab-dhaqa
水槽

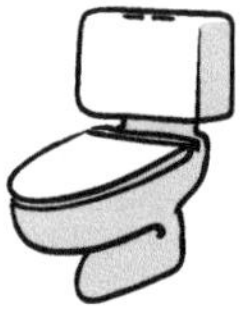
musqul
厕所

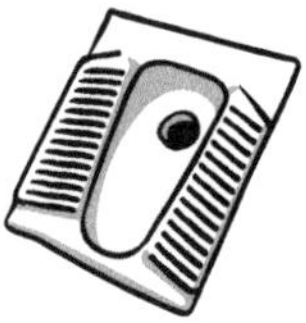
musqusha fadhiga
蹲便器

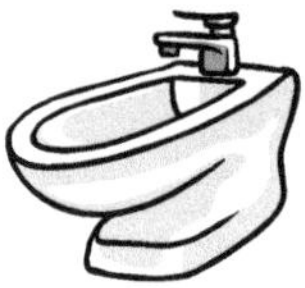
siin
坐浴器

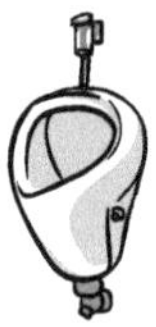
weel kaadi
小便斗

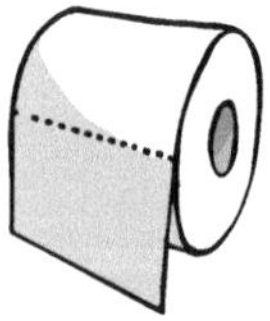
tiish musqul
廁紙

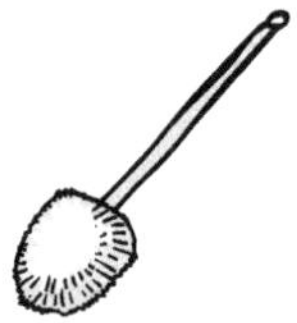
burushka musqusha
馬桶刷

caday

牙刷

daawo caday

牙膏

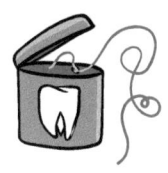

dunta ilka farashada

牙線

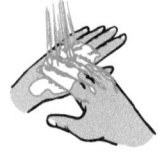

dhaq

洗

gacan qubeys

手持式蓮蓬頭

tuubo-musqul

沖洗器

beeshin

洗臉盆

burush-qubeys

洗背刷

saabuun

肥皂

shaambo

沐浴露

shaambo

洗髮乳

cago-saar

法蘭絨

biyo-saare

排水

kareem

乳霜

carfiso

除臭劑

muraayad

鏡子

muraayad gacmeed

手鏡

sakiin

刮鬍刀

xumbada xiirashada

刮鬍泡沫

daawo gar-xiir

鬚後水

shanlo

梳子

burush

刷子

fooneeye

吹風機

timo-buufis

噴髮定型劑

waji-qurxiye

化妝品

rooseeto

唇膏

cidiyo-nadiifiye

指甲油

dun

化妝棉

cidiyo-jar

指甲剪

baarafuun

香水

boorso-wajidhaq

洗漱包

saxaro

凳子

miisaan culays

計重秤

dhar-qubeys

浴袍

gacma gashi cinjir

橡膠手套

tambooni

衛生棉條

tiimshe

衛生棉

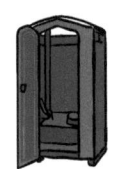

musqul kiimiko

化學廁所

qolka ilmaha
兒童房

saacadda dhawaaqda
鬧鐘
boombale caruur
毛絨玩具
baabuur caruureed
玩具車
sanqadh
撥浪鼓
guriga caruusada
玩具屋
hadiyad
禮物

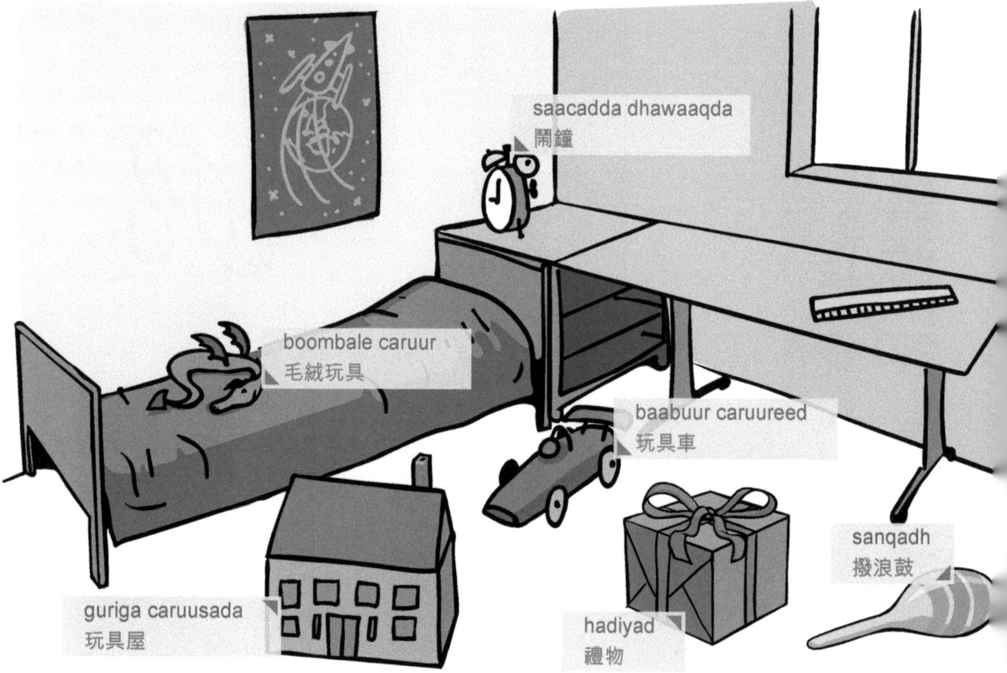

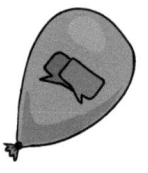

buufin
氣球

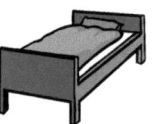

sariir
床

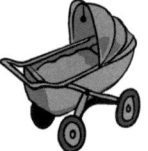

gaariga caruurta
嬰兒車

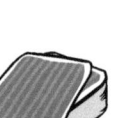

turub
撲克牌

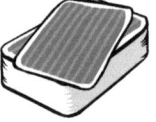

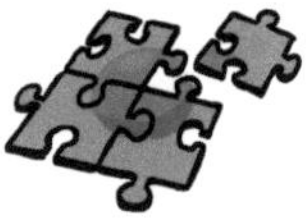

miinshaar
拼圖

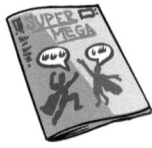

maad
漫畫

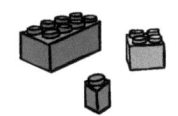

bulkeeti boombale ah

樂高積木

tooy

積木玩具

sanam

公仔

isku-jooga dhallaanka

嬰兒服

aalad cayaar

飛盤

moobaayl

床鈴玩具

khamaar

棋盤遊戲

laadhuu

骰子

moodo tareen

火車模型

boombale

安撫奶嘴

xaflad

派對

buug sawirro

繪本

kubbad

球

boombale

洋娃娃

cayaar

玩

dhoobo-dhoobeey

沙坑

wiifoow

鞦韆

alaab-alaabeey

玩具

geemka gacanta laga hago

電玩遊戲

baaskiil

三輪車

boombale

泰迪熊

armaajo dhar

衣櫃

dhar

衣服

sigisaan

襪子

sigsaan haween

長襪

surwaal-dhuuqsan

緊身褲

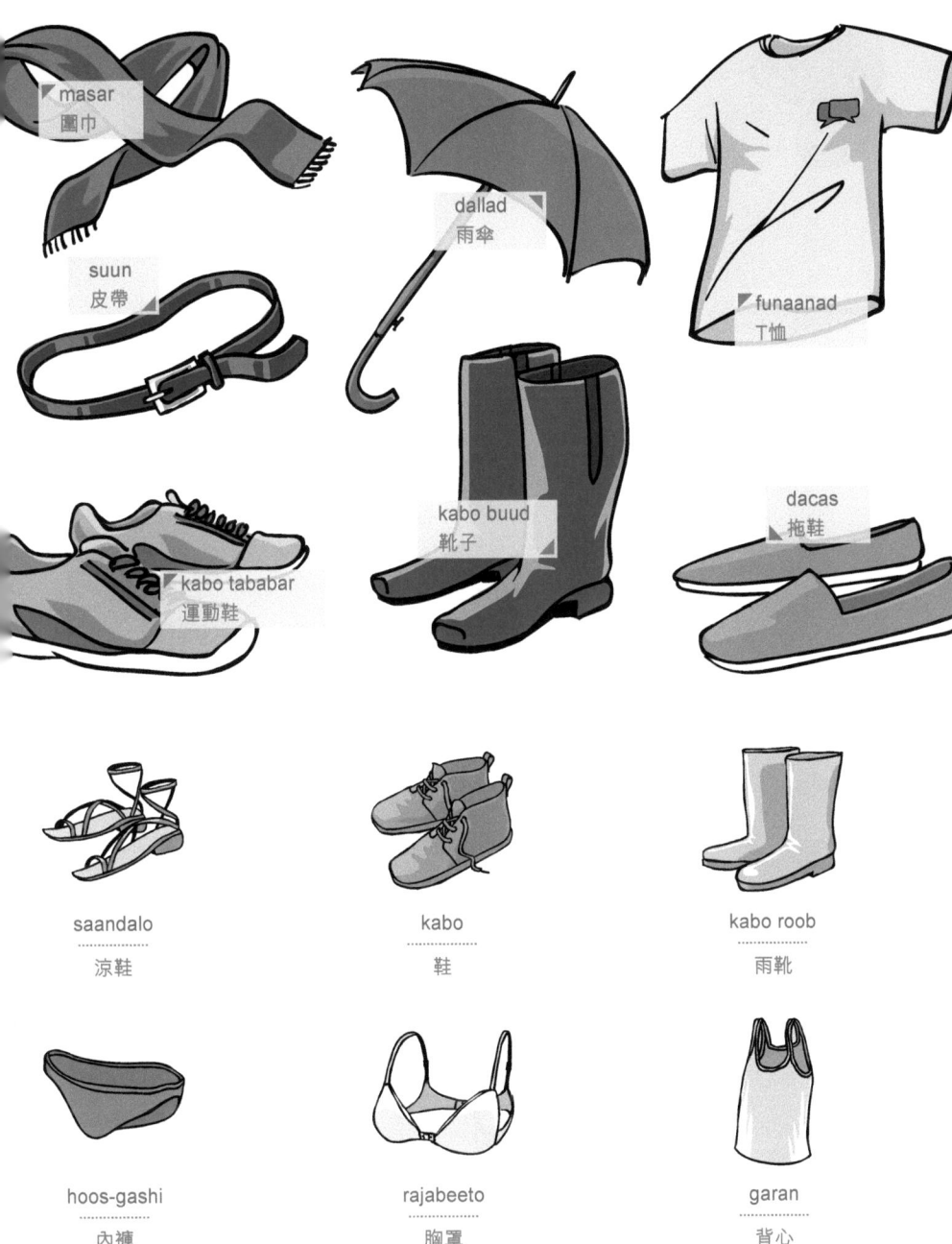

masar
圍巾

dallad
雨傘

funaanad
T恤

suun
皮帶

kabo buud
靴子

dacas
拖鞋

kabo tababar
運動鞋

saandalo
涼鞋

kabo
鞋

kabo roob
雨靴

hoos-gashi
內褲

rajabeeto
胸罩

garan
背心

dhar - 衣服

jir

身體

surwaal

褲子

surwaal jeenis

牛仔褲

goono

短裙

canbuur

女式襯衫

shaati

襯衫

funaanad-dhaxameed

套頭衫

garan dhaxameed

連帽上衣

jaakad fudud

西裝夾克

jaakad

夾克

koodh

外套

koodhka roobka

雨衣

dhar-munaasabadeed

套裝

labbis

連衣裙

lebbis aroos

婚紗

suut
西裝

dhar-hurdo
睡袍

bajaamo
睡衣

saari
莎麗

masar
頭巾

cimaamad
包頭巾

cabaayad
波卡

saako
卡夫坦

cabaayad
(阿拉伯式)長袍

dharka-dabaasha
泳衣

dabo-gaabyo
男式泳褲

surwaal-dabagaab
短褲

taraak-suut
運動服

dufan-dhowr
圍裙

gacmo gashi
手套

galluus

鈕扣

ookiyaale

眼鏡

jijin

手鏈

silis

項鍊

faraati

戒指

dhego dhego

耳環

koofiyo

便帽

katabaan

衣架

koofiyad

帽子

garabaati

領帶

jiinyeer

拉鍊

helmed

安全帽

ilko-reeb

背帶

direes dugsi

校服

direes

制服

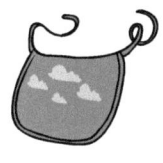

cayo-dhowr

圍兜

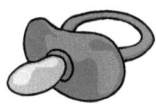

boombale

安撫奶嘴

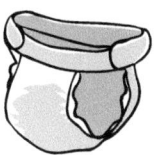

maro-dufeed

尿布

xafiis

辦公室

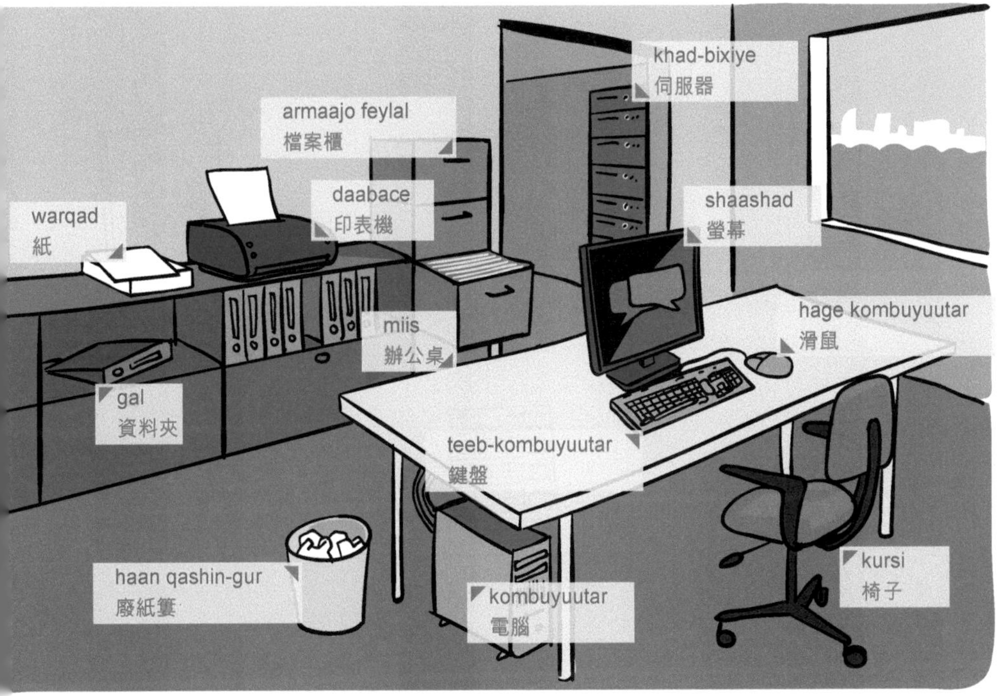

khad-bixiye
伺服器
armaajo feylal
檔案櫃
warqad
紙
daabace
印表機
shaashad
螢幕
miis
辦公桌
hage kombuyuutar
滑鼠
gal
資料夾
teeb-kombuyuutar
鍵盤
haan qashin-gur
廢紙簍
kombuyuutar
電腦
kursi
椅子

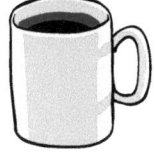

koob kafee

咖啡杯

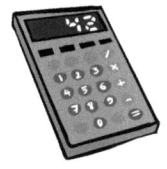

kalkuleytar/xisaabiye

計算機

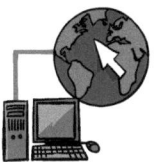

internet

網際網路

laabtoob

筆記型電腦

bakhshad

信件

fariin

簡訊

moobaayl

行動電話

shabakad-kombuyuutar

網路

footokoobi

影印機

barnaamij-kombuyuutar

軟體

telefoon

電話

god koronto

插座

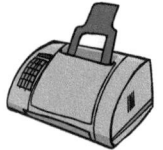

mishiinkan fax-ka

傳真機

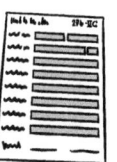

foomka

表格

dokumenti

檔案

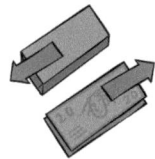

iibso

買

bixi

付錢

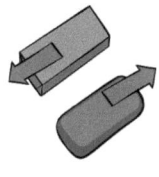

ganacso

交易

lacag

現金

doollar

美元

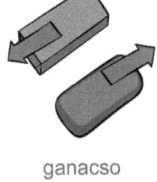

yuuro

歐元

yenka jabbaan

日元

robolka ruushka

盧布

Franka iswiiska

瑞士法郎

lacagta shiinaha

人民幣

rubiyada hindiga

盧比

maqal

提款處

xafiiska sarrifaka lacagaha
....
外幣兌換處

dahab
....
金

qalin
....
銀

shidaal
....
石油

tamar
....
能源

qiime
....
價格

qandaraas
....
合約

canshuur
....
稅金

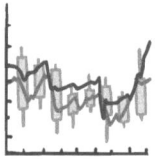

raasumaal
....
股票

shaqee
....
工作

shaqaale
....
職員

shaqaaleysiiye
....
老闆

warshad
....
工廠

dukaan
....
商店

sarkaal booliis
警官

dab-demiye
消防員

cunto-kariye
廚師

dhakhtar
醫師

duuliye
飛行員

beeralley

園丁

nijaar

木匠

timo-qurxiso

裁縫

qaaddi

法官

farmashiiste

化學家

jile

演員

darawal bas

公車司機

taksiile

計程車司機

kalluumeyste

漁夫

nadiifiso

清洗女工

saqaf-dhise

屋頂工

kabalyeeri

服務生

ugaarsade

獵人

rinjiile

畫家

rooti-dube

麵包師

koronto-yaqaan

電工

dhise

建築工人

injineer

工程師

kawaanle

屠夫

tuubbiiste

水管工

boostaale

郵差

askari

士兵

injineer-dhismo

建築師

qasnaji

收銀員

ubax-yaqaan

花農

timo-jare

理髮師

kiro-uruuriye

售票員

makaanik

機械技師

kabtan

船長

dhakhtar-ilko

牙醫

saaynisyahan

科學家

wadaad yahuud

拉比

imaam

伊瑪目

xerow

和尚

wadaad

牧師

qalab
工具

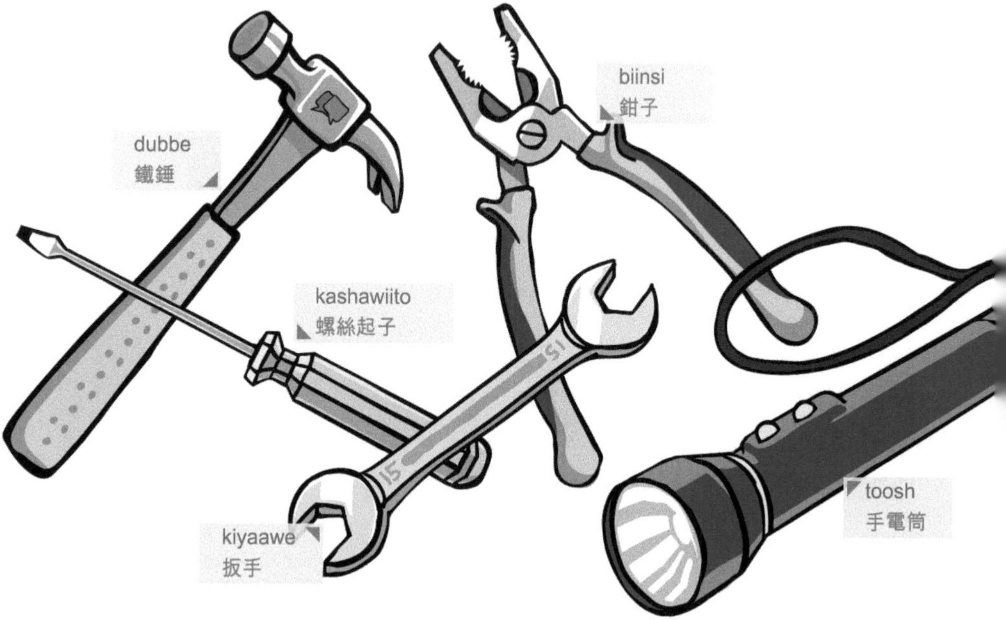
dubbe
鐵錘
biinsi
鉗子
kashawiito
螺絲起子
kiyaawe
扳手
toosh
手電筒

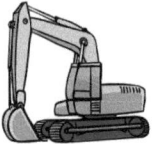

dhul-qoddo

挖掘機

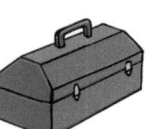

qalab-xajiye

工具箱

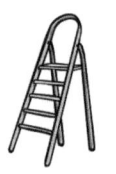

jaraanjaro

梯子

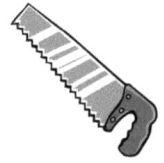

miinshaar

鋸子

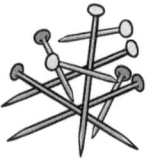

musbaarro

釘子

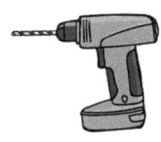

dalooliye

鑽機

dayactir

修

badiil

鏟子

inkaar kugu dhacday!

糟糕！

bus-xaabiye

畚箕

gasacad rinji

油漆桶

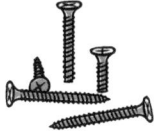

boolal

螺絲

qalab muusiko
樂器

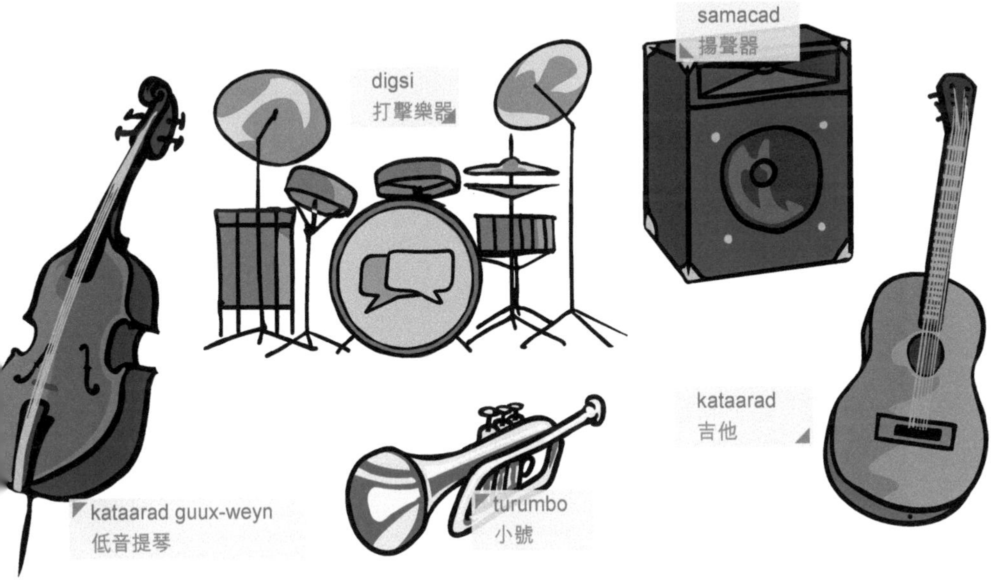

digsi
打擊樂器

samacad
揚聲器

kataarad
吉他

kataarad guux-weyn
低音提琴

turumbo
小號

biyaano

鋼琴

fiyooliin

小提琴

karaarad guux-dheer

貝斯

durbaan-sheegagle

定音鼓

durbaan

鼓

loox-xarfeed-biyaano

電子琴

turumbo

薩克斯風

siin-baar

長笛

makarafoon

麥克風

beer-xayawaan

動物園

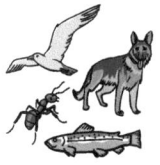

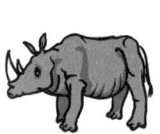

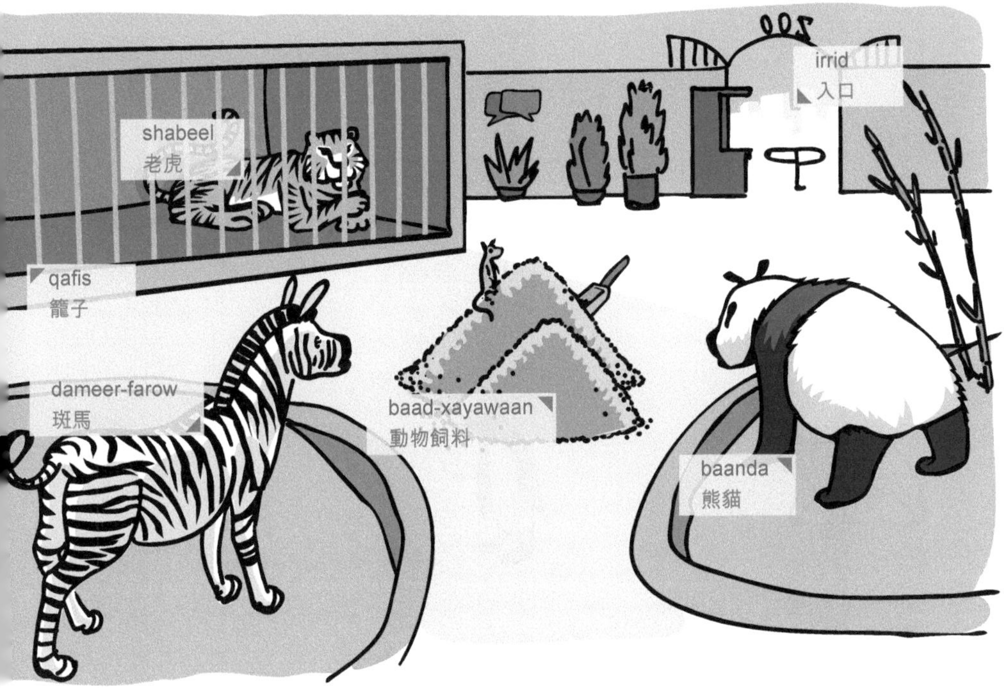

irrid
入口
shabeel
老虎
qafis
籠子
dameer-farow
斑馬
baad-xayawaan
動物飼料
baanda
熊貓

xayawaan

動物

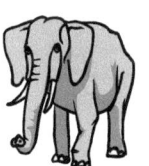

maroodi

大象

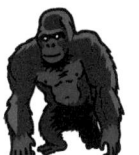

kaangaruu

袋鼠

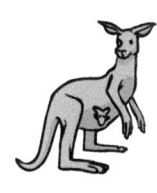

wiyil

犀牛

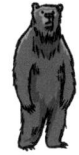

goriille

大猩猩

oorso

熊

geel

駱駝

gorayo

鴕鳥

libaax

獅子

daanyeer

猴子

xiita-luga-dheer

紅鶴

baqbaqaa

鸚鵡

oorso baraf-ku-nool

北極熊

shimbir baraf

企鵝

libaax-badeed

鯊魚

daa'uus

孔雀

mas

蛇

yaxaas

鱷魚

beer-xayawaan ilaaliye

動物園管理員

bahal kalluun-cun

海豹

shabeel-u-eke

美洲豹

dhal faras

矮種馬

harmacad

豹

jeer

河馬

geri

長頸鹿

gorgor

老鷹

doofaar-jilibeey

野豬

kalluun

魚

qubo

龜

maroodi-badeed

海象

dawaco

狐狸

deero

羚羊

kubadda-cagta maraykanka
橄欖球

tartanka bashkuleetiga
騎腳踏車

kubbadda miiska
網球

kubbadda koleyga
籃球

dabaal
游泳

hookiga barafka lagu c
冰球

cayaarta feerka
拳擊

kubadda cagta
美式足球

baadminton
羽毛球

ciyaaraha fudud
田徑

kubadda gacanta
手球

iskii/ciyaarta barafka
滑雪

cayaar-faras
馬球

boodid
跳

hab-siin
擁抱

qosol
笑

soco
走路

hees
唱

riyo
做夢

duceyso
祈禱

dhunkasho
親吻

qorraxeed
書寫

masawirid
畫

muuji
展示

riix
推

sii
給

qaado
拿

haysasho

有

samee

做

ahaansho

當

istaag

站

orod

跑

jiid

拉

tuur

丟

dhicid

摔倒

been-sheegid

躺

sug

等待

qaad

攜帶

fariiso

坐

labiso

穿衣

seexo

睡覺

toos

醒來

fiiri

看

ooy

哭

dhuftay

擊

shanleyso

梳頭

hadal

交談

faham

明白

weydii

問

dhageysasho

聽

cab

喝

cun

吃

habee

清理

jacayl

愛

kari

做飯

kaxee

開車

duulid

飛

shiraaco

航行

xisaabi

計算

akhri

讀

barasho

學習

shaqee

工作

guurso

結婚

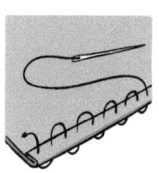

tol

縫

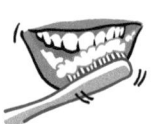

cadayso

刷牙

dilid

殺

sigaar cab

抽菸

dir

寄

ayeeyo
祖母

awoowe
祖父

aabbe
父親

hooyo
母親

ilmo
嬰兒

gabar
女兒

wiil
兒子

marti

客人

eeddo

阿姨

adeer

叔叔

walaal rag

兄弟

walaal dumar

姐妹

jir

身體

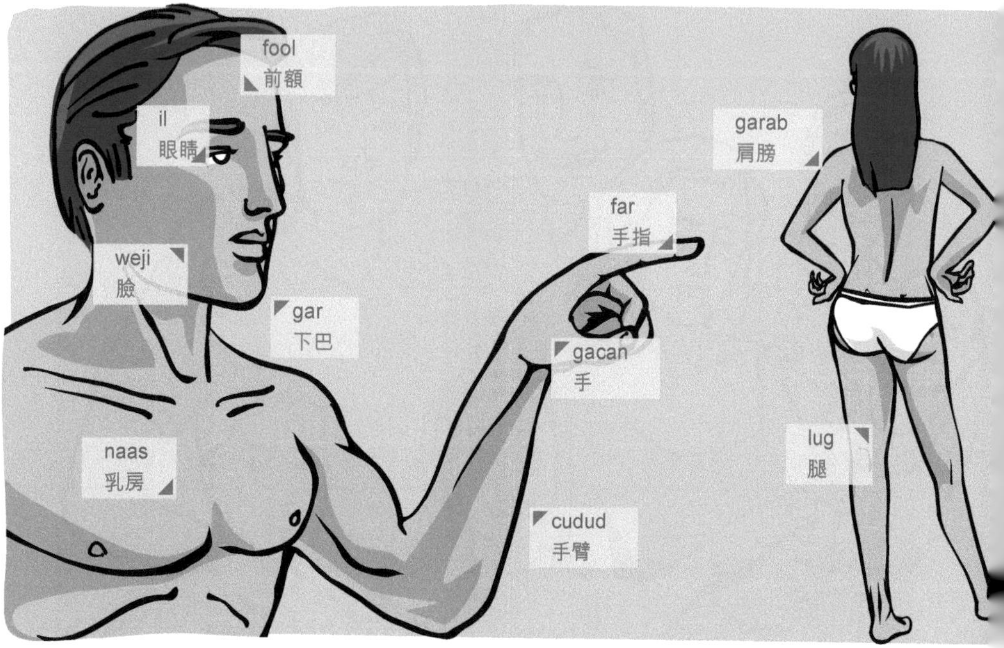

fool
前額
il
眼睛
garab
肩膀
far
手指
weji
臉
gar
下巴
gacan
手
lug
腿
naas
乳房
cudud
手臂

ilmo

婴兒

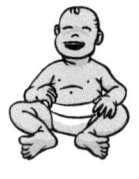

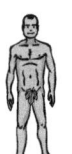

nin

男人

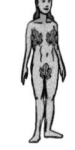

naag

女人

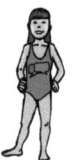

gabar

女孩

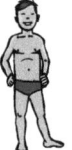

wiil

男孩

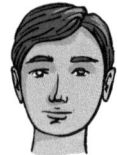

madax

頭

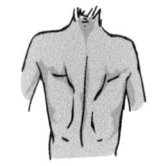

dhabar

背部

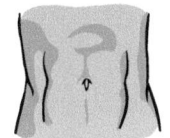

calool

肚子

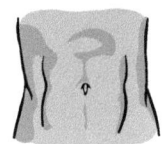

xuddun

肚臍

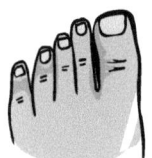

suul

腳趾

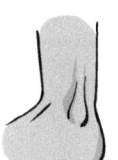

cirib

腳後跟

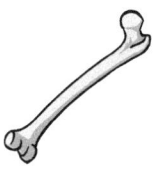

laf

骨頭

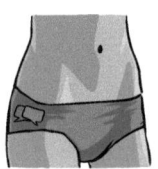

sin

臀部

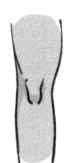

jilib

膝蓋

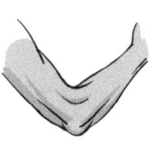

xusul

手肘

san

鼻子

bari

屁股

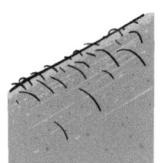

maqaar

皮膚

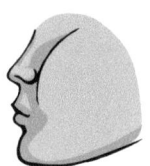

dhafoor

臉頰

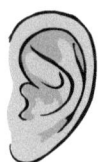

dheg

耳朵

bishin

嘴唇

af

嘴

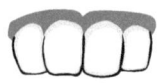

ilig

牙齒

carrab

舌頭

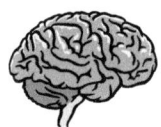

maskax

腦

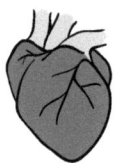

wadno

心臟

muruq

肌肉

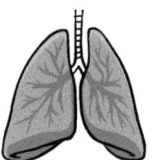

sambab

肺

beer

肝臟

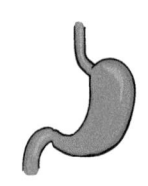

uur kujirta caloosha

胃

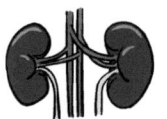

kelyo

腎臟

galmo

性交

cinjir-galmo

保險套

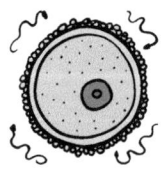

ugxan

卵子

shahwo

精子

uur

懷孕

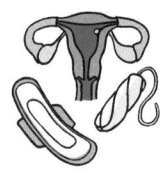

caado

月事

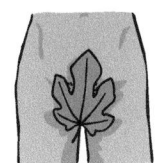

siil

陰道

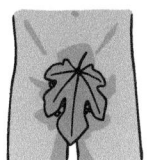

gus

陰莖

suni

眉毛

timo

頭髮

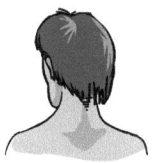

qoor

脖子

isbitaal
醫院

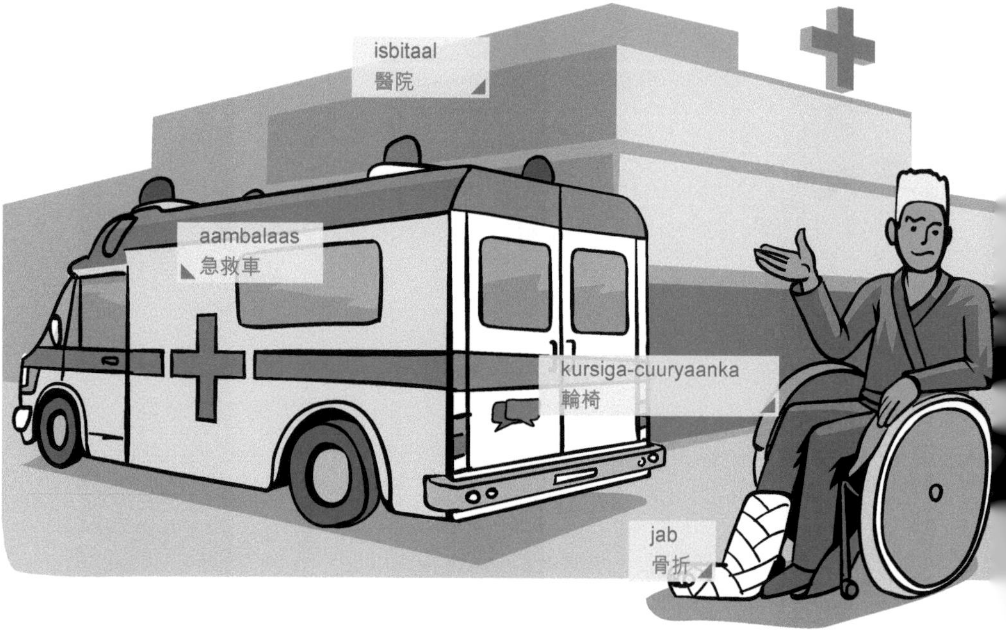

isbitaal
醫院
aambalaas
急救車
kursiga-cuuryaanka
輪椅
jab
骨折

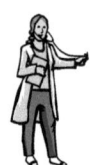

dhakhtar

醫師

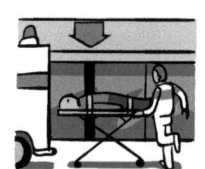

qolka xaaladaha-degdega ah

急診室

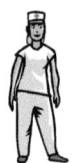

kalkaaliye

護理師

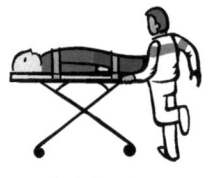

xaalad deg-deg ah

緊急情形

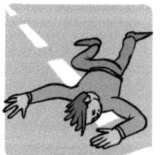

miyir-beelsan

昏迷

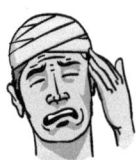

xanuun

痛

dhaawac

受傷

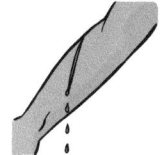

dhiig-bax

出血

wadno-xanuun

心臟病發作

qallal

中風

xasaasiyad

過敏

qufac

咳嗽

qandho

發燒

hargab

流感

shuban

腹瀉

madax-xanuun

頭痛

kansar

癌症

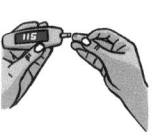

cudurka sokoroow

糖尿病

dhakhtarka-qalliinka

外科醫師

mindida qalliinka

手術刀

qalliin

手術

iskaan

電腦斷層掃描

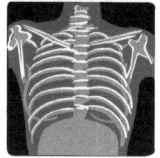

raajo

X光

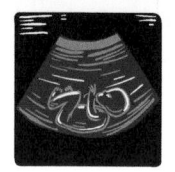

dhawaaq-xawaareed

超音波

maaskaro

口罩

cudur sokoroow

疾病

qolka sugitaanka

候診室

ul lagu boodo

拐杖

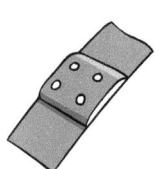

kab

石膏

faashato

繃帶

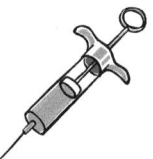

duris

注射

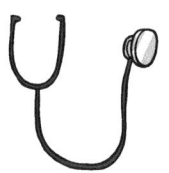

wadne-dhegeyeste

聽診器

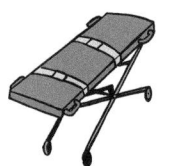

balankiino

擔架

heer-kul-beega qandhada

體溫計

dhalasho

出生

aad-u-cayilan

超重

maqal-caawiye

助聽器

jeermis-dile

消毒液

caabuq

感染

feyras

病毒

AYDHIS/HIV

愛滋病

daawo

藥物

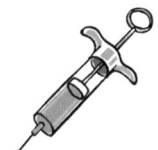

tallaal

接種疫苗

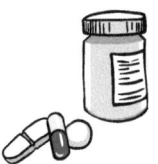

kaniiniyo

藥片

kaniin

藥丸

wicitaan deg-deg ah

急救電話

cabbiraha dhiig-karka

血壓計

xanuunsan / caafimaadsan

生病/健康

i caawiya!

救命！

sawaxan

警報

weerar-kadisa ah

突擊

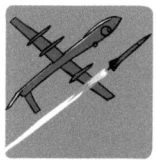

weerar

攻擊

khatar

危險

irridda bixida xaalad-deg-deg

緊急出口

dab!

失火了！

dab demiye

滅火器

shil

意外

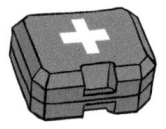

saduuqa xaalada-degdega ah

急救箱

codsi badbaado

呼救訊號

booliis

員警

Yurub

歐洲

woqooyiga ameerika

北美洲

koonfurta ameerika

南美洲

Afrika

非洲

Aasiya

亞洲

Oostareeliya

澳洲

Atlaantik

大西洋

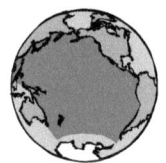

Pacific

太平洋

Bad-waynta hindiya

印度洋

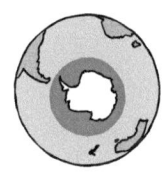

Bad-waynta antarctica

南冰洋

Bad-waynta arctic

北冰洋

cirifka waqooyi

北極

cirifka koonfureed

南極

Antarctica

南極洲

dhul

地球

dhul

陸地

bad

海

jasiirad

島

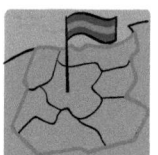

waddan

國家

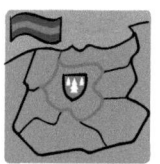

gobol

州

wajiga saacadda

錶盤

gacanka saacada

時針

gacanka daqiiqada

分針

gacanka ilbiriqsiga

秒針

waa intee saac?

現在幾點？

maalin

天

wakhti

時間

hadda

現在

saacadda jiifarrada

電子錶

daqiiqad

分

saacad

時

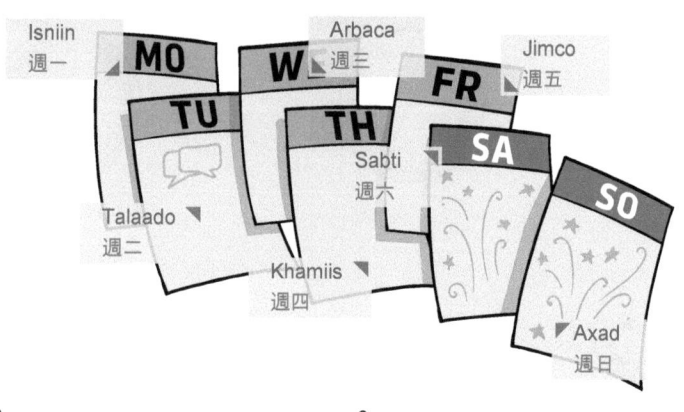

Isniin 週一
Arbaca 週三
Jimco 週五
Talaado 週二
Sabti 週六
Khamiis 週四
Axad 週日

shalay

昨天

maanta

今天

berri

明天

subax

早晨

duhur

中午

casir

晚上

maalmaha shaqo

工作日

dabayaaqada usbuuca

週末

sanad

年

roob
雨
qaanso-roobaad
彩虹
roob-baraf
雪
dabayl
風
gu'
春
deyr
秋
xagaa
夏
jiilaal
冬

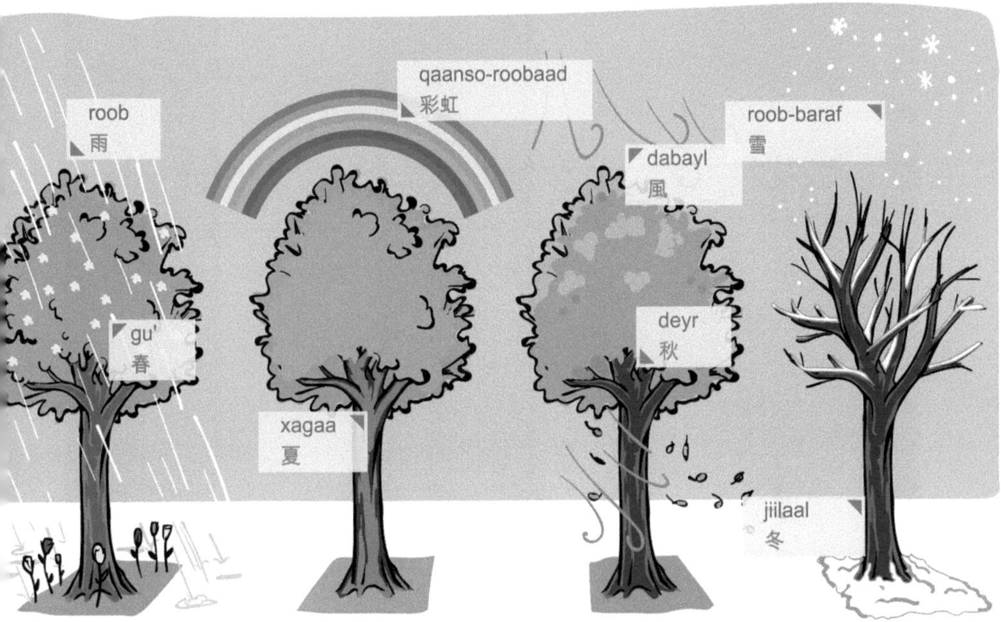

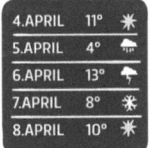

4.APRIL 11°
5.APRIL 4°
6.APRIL 13°
7.APRIL 8°
8.APRIL 10°

saadaal hawo

天氣預告

F
C
120
90
60
30
0
-30
40
30
20
10
0
-10
-20

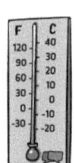

heer-kul baare

溫度計

qorraxeed

陽光

daruur

雲

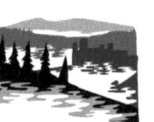

ceeryaamo

霧

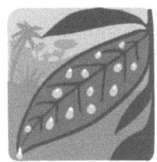

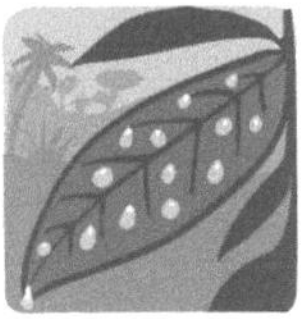

huur

潮濕

jac

閃電

onkod

打雷

duufaan

風暴

roob-baraf

冰雹

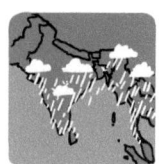

maansuun

季風

daad

洪水

baraf

冰

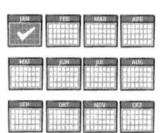

Jannaayo

一月

Febraayo

二月

Maarso

三月

Abriil

四月

Mey

五月

Juun

六月

Luulyo

七月

Agoosto

八月

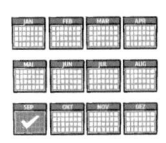

Sebteember
....
九月

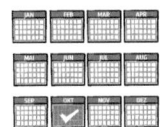

Oktoobar
....
十月

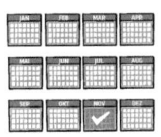

Nofeember
....
十一月

Diseember
....
十二月

qaababka
形狀

goobaabo
....
圓形

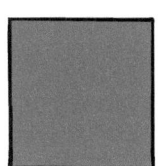

afar-gees
....
正方形

leydi
....
長方形

saddex-xagal
....
三角形

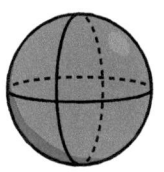

wareeg
....
球體

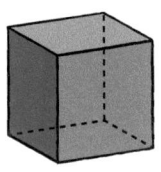

bokis
....
立方體

caddaan

白

hurdi

黃

oranji

橙

guduud-khafiif

粉

casaan

紅

carwaajis

紫

bluug

藍

cagaar

綠

boroon

棕

cawl

灰

madow

黑

badan / yar

很多/少許

caro / daganaan

生氣/平靜

qurxoon / foolxun

美/醜

billow / dhammaad

首/尾

yar / weyn

大/小

iftiin / mugdi

明/暗

walaalkaa / walaashaa

兄弟/姐妹

nadiif / wasakhaysan

乾淨/骯髒

buuxa / dhantaalan

完整/缺失

maalin / habeen

白天/晚上

dhintay / nool

死/生

ballaaran / ciriiri ah

寬/窄

la cuni karo / aan la cuni
karin

可食用/非食用

arxan-daran / naxariis-
badan

邪惡/善良

faraxsan / caajisan

興奮/無聊

buuran / caateysan

胖/瘦

ugu horeeya / ugu
dambeeya

第一/最後

saaxiib / cadaw

朋友/敵人

maran / buuxa.

滿/空

adag / jilicsan

硬/軟

culus / fudud

重/輕

gaajo / oon

餓/渴

xanuunsan / caafimaadsan

生病/健康

sharci-darro / sharci

非法/合法

caaqil / dabbaal

聰明/愚笨

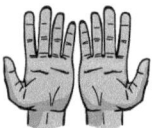

bidix / midig

左/右

dhow / fog

近/遠

cusub / duug

新/舊

waxba / wax

沒有/有些

da' / dhalinyar

老/幼

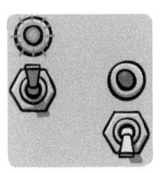

daaris / damin

開/關

furan / xiran

打開/闔上

aamusnaan / cod-dheer

安靜/吵鬧

taajir / sabool

富/窮

sax / khalad

對/錯

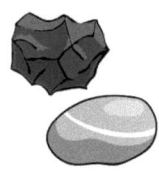

jilif leh / sabiibax

粗糙/光滑

murugsan / faraxsan

傷心/高興

gaaban / dheer

短/長

tartiib / dhaqsi

慢/快

qoyaan / qalleyl

濕/乾

qandac / qabow

溫暖/涼爽

dagaal / nabad

戰爭/和平

0

eber

零

1

kow

一

2

laba

二

3

saddex

三

4

afar

四

5

shan

五

6

lix

六

7

toddoba

七

8

sideed

八

9

sagaal

九

10

toban

十

11

kow iyo toban

十一

12
laba iyo toban
十二

13
sadex iyo toban
十三

14
afar iyo toban
十四

15
shan iyo toban
十五

16
lix iyo toban
十六

17
todoba iyo toban
十七

18
sideed iyo toban
十八

19
sagaal iyo toban
十九

20
labaatan
二十

100
boqol
百

1.000
kun
千

1.000.000
malyuun
百萬

Af ingiriis

英語

Ingiriiska Mareykanka

美式英語

Mandariinka Shiinaha

普通話

Hindi

印地語

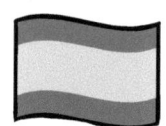

Boortaqiis

西班牙語

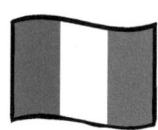

Faransiis

法語

Carabi

阿拉伯語

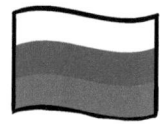

Ruush

俄語

Boortaqiis

葡萄牙語

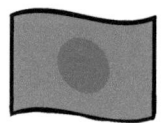

Bengaali

孟加拉語

Jarmal

德語

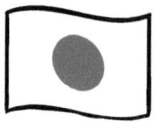

Jabaaniis

日語

aniga

我

adiga

你

asaga / ayada

他/她/它

annaga

我們

idinka

你們

ayaga

他們

kee?

誰？

maxay?

什麼？

sidee?

如何？

xagee?

何處？

goorma?

何時？

magac

名字

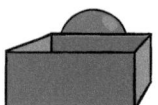

gadaal

後面

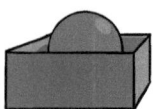

gudaha

裡面

horta

前面

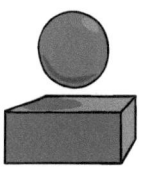

ka sare

上方

dusha

上面

ka hooseeya

下麵

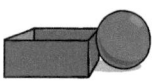

dhinac

旁邊

u dhexeeya

中間

meel

地點